Verónica Meléndez Valoria

Descifrando Euralille: una práctica estratégica

Si analizásemos la arquitectura desde el interior, en el día a día de su desarrollo y mucho antes de llamar proyecto a un proyecto, sería más intuitivo comprender algunas prácticas arquitectónicas singulares que nos intrigan. Nos referimos a esas que fascinan porque tiene algo de especial o provocan una reacción o, simplemente, porque abren conversaciones necesarias y conducen a cuestionar ideas preconcebidas. Esa prospección más crítica y profunda es esencial para entender más detalladamente a Rem Koolhaas y sus planteamientos, así como lo que conforma sus particularidades, con el objetivo último de ampliar estas reflexiones hacia otras prácticas y asuntos clave como el rol del arquitecto en un horizonte profesional cambiante. También sobre la pertinencia eficiente de algunos rasgos y habilidades profesionales y personales y el impacto que pueden suponer sobre cada contexto y cada forma de entender la arquitectura misma.

Por qué Euralille

«Realmente no sabíamos si la idea era tonta o descabellada o quizás extremadamente interesante. […] asumí la confianza de que quizás estábamos lidiando con algo especial».[1] Así se expresaba Rem Koolhaas en una conferencia cuando hacía referencia a Euralille y al edificio Congrexpo en la ciudad francesa de Lille. Estos eran entonces dos encargos vinculados y aún en desarrollo, pero que ya habían comenzado a mostrarse en conferencias y exposiciones en Europa. Ambos eran explicados conjuntamente con los primeros apuntes de «Bigness», propuesta que se mueve entre lo intelectual y lo crítico y que marcó un hito en los planteamientos teóricos de Koolhaas, así como en su posición en la profesión. Aquel texto cuestionaba los efectos de una escala de gran envergadura, algo que proyectos como estos podían abordar desde un punto de vista más práctico. Más concretamente, Euralille consistía en 800.000 m^2 de *masterplan* por iniciativa público-privada y un edificio masivo de usos mixtos de 300 m de longitud, además de una estación.

Este fue un proyecto integral de varias escalas al que, sin embargo, la crítica o el público no hicieron excesiva mención años después, mientras que para OMA, Office for Metropolitan Architecture, fue precisamente un hito importante. Visto desde el exterior, para muchos, Congrexpo ha permanecido en el recuerdo como un gran edificio del que se dice, posiblemente sin tan siquiera haberlo visitarlo, que tiene calidades y acabados bastos. Poco más se ha profundizado posteriormente y ciertamente esta no ha sido la obra más emblemática de OMA. Sin embargo, sí que fue relevante desde el punto de vista de su madurez como oficina. La elección de esta operación en Francia como objeto de este ensayo no es casual. No sólo es reseñable por esa confluencia en el tiempo con un cambio estructural en OMA. Además de ser un concurso ganador, es un caso singular que se comprende mejor como *momentum*. De una forma no buscada, la operación terminó siendo el engranaje de varias dinámicas y piezas de su trayectoria. Es por tanto relevante porque acompaña a OMA en ese proceso de regeneración como oficina de arquitectura y, en ese sentido, es posible pensar que existen proyectos que se podrían llamar transicionales. Es decir, que emergen en momentos de cambio y se alinean con los mismos, y, ante eso, una opción posible en el momento de llevarlo a cabo pudo ser llegar a comprender su naturaleza y su razón de existir para que su trayecto creativo formase en sí mismo parte de esa evolución.

Como proyecto, fue un caso de múltiples acontecimientos entrelazados, extensivo por tanto a OMA como ente. Euralille es una suma de retos, de procesos, de tantos y tantos actores y sucesos que conjuntamente constituyen la verdadera complejidad del encargo. Lograr que avanzara y prosperase supuso un gran esfuerzo colectivo. Es, además, una operación con implicaciones políticas que confluyen y dan lugar a decisiones e impulsos a lo largo de su desarrollo. En ese sentido, tenemos la oportunidad de hacer lecturas distintas a las propias de un transcurso más o menos convencional de un gran proyecto poniendo el foco sobre otras cuestiones. Estas pueden ser capacidades no teóricas o técnicas en sentido estricto o habilidades para saber manejar las condiciones sobrevenidas de un contexto no sólo físico y territorial. Este caso reúne varios elementos externos y la dificultad suficiente para abrir esta revisión pluridimensional.

Quizás, de manera más evidente, hemos podido relacionar planteamientos teóricos con propuestas arquitectónicas en la obra de OMA. Esto es así porque, en su caso y en general, la arquitectura ha hecho menos visibles los procedimientos o las formas de hacer. Especialmente, los que se refieren a la gestión de momentos o estados de crisis, así como de los tiempos y o de las personas que participan. Es por eso que procede hablar de dinámicas internas o de metodologías, pero también de hábitos, tácticas y de obsesiones.

Bajo este otro enfoque, posiblemente para Koolhaas en aquella época otros asuntos fueron más relevantes que una ambición sólo y exclusivamente orientada a construir. En particular, articular la narrativa y el discurso del proyecto, la propuesta intelectual, la definición del ADN de la oficina o el perfeccionamiento de teorías o de un sello metodológico determinado. Solamente un planteamiento así explicaría por qué algunos concursos no realizados son incluso más importantes que varias de sus obras concluidas o por qué se ha podido demostrar que editar un libro para OMA puede llegar a ser un proceso muy similar a la creación de una obra arquitectónica.[2] La misma dedicación se ha conocido respecto a contextos más distantes, con retos notables como los estudios pedagógicos en Harvard o el proyecto sobre la identidad de Europa. Puede verse en ello una buscada complementariedad de intereses diversos, situación que se acepta como una característica singular de la práctica de OMA y que abre las puertas de un marco metodológico para imaginar, y también consolidar en un primer plano, alternativas en el futuro de la profesión.

Haciendo una breve contextualización, y regresando a aquella misma intervención de 1991 en Barcelona, Koolhaas quiso destacar las dificultades que observaba en la profesión, que calificó de «horriblemente difícil». En ese momento la oficina OMA se encontraba ya en un proceso de cambio. Salía de una década de varios intentos por construir obras importantes que no terminaban de prosperar. Entre las completadas se encontraban las viviendas en Fukuoka, la Villa dall'Ava o el Kunsthal. Sin embargo, habían ganado una serie de primeros premios en concursos que finalmente fueron cancelados. Entre otros, la extensión del museo Stedelijk en Ámsterdam o las dos bibliotecas del campus de Jussieu en París. Sin duda, el caso más significativo había sido el Centro de Arte y Tecnología de Karlsruhe (ZKM) que en junio de 1992 se dio por cancelado definitivamente tras ciertos movimientos políticos. *S,M,L,XL* dedica a este proyecto el texto «Passion Play», descrito por su desenlace como un epitafio. Hubiera sido, reconoce el escrito, «la primera demostración de Bigness de OMA».

Sobre esta misma idea, Koolhaas conversaba con Alejandro Zaera en una entrevista para *El Croquis* en 1996. Zaera comienza recordando la pérdida de *ZKM*, ideado en el contexto de grandes ambiciones europeas que más tarde, en los años 1990, se desvanecían.[3] Koolhaas reconoce que esa erosión, justamente, los había hecho despertar en relación con el cambio notable en el clima de la escena europea en aquellos momentos. La idea del también llamado «el problema de la talla» o, más literalmente, de la talla «L» estaba ya presente en los proyectos fallidos. Para ser exactos, tres concursos de 1989: la TGB (Très Grande Bibliothèque), la terminal marítima de Zeebruge, y el propio ZKM. Pero había uno más, Euralille, un proyecto a través del cual es posible identificar elementos de lo que puede llamarse una 'práctica estratégica', sobre la base de tres aproximaciones superpuestas: personas, procesos y medios.

En Euralille confluyen, por un lado, personas. Algunas forman parte del proyecto y otras son colaboradoras necesarios. Es muy revelador seguir la pista de actores que tienen un papel determinado, directo o indirecto, y conocer cómo se cruzan entre sí. ¿De qué manera condicionan las personas y sus circunstancias todo el conjunto? ¿Cómo se influyen mutuamente más allá del proyecto concreto? ¿Qué se puede extraer de consideraciones relativas a las personas y sus intereses para la definición de las metodologías del proyecto? En definitiva, ¿qué se puede inferir de la construcción de esas relaciones?

Por otra parte, es un proyecto que, condicionado por todas las dimensiones de su contexto, lo está igualmente por distintos procesos que se superponen. Algunos de ellos son los propios del encargo, mientras que otros transcurren en paralelo o se entrecruzan favoreciendo sinergias. En esas intersecciones, ciertos acontecimientos le proporcionan impulso o le dan sentido; o a la inversa, el propio proyecto es el que dinamiza cualquier proceso externo. ¿Cómo consigue OMA conectar procesos aparentemente independientes? ¿Hasta qué punto las sinergias suman y optimizan los esfuerzos? ¿Y qué particularidades revela esa capacidad de vincular realidades superpuestas y sobrevivir a todas ellas?

Por último, es un proyecto mediatizado, totalmente influenciado por su condición pública y sujeto a procesos de validación en distintas escalas. Consenso, medios y recepción pública forman parte de todo el trayecto. ¿Hasta qué punto los proyectos de arquitectura y de la construcción de la ciudad y otros entornos se consolidan simultáneamente en la obra y en el contexto de la recepción pública y de sus usuarios?

Los proyectos los definen las personas

¿Quién y por qué realiza este encargo? ¿Qué relevancia tiene en su contexto y cuáles son los factores desencadenantes? Principalmente, esta gran operación es el resultado de las obstinaciones de figuras clave, poderosos que encabezaban esta y muchas más obras de gran importancia en Francia en los años 1980. O, al menos, así querían ellos que se comprendiesen.

En primer lugar, uno de los propósitos del presidente François Mitterrand se centró en la construcción de los *Grands Projets* para ensalzar la cultura de Francia. Fueron descritos como 'nuevos monumentos' y con ello se pretendía una asociación de lo más emblemático a su legado. Esto fue extensivo a partir de los años 80 a desarrollos urbanos de gran escala. Cada operación se relacionaba a su vez con el ensalzamiento del Estado a través de su imagen con sus obras representativas. Varias de esas operaciones se construyeron en París, aunque ese optimismo arquitectónico se extendió a ciudades como Lille. En un ejercicio de descentralización, las autoridades locales asumieron su propia capacidad de decisión, pudiendo hacer suya la misión de hacer de las pequeñas ciudades grandes nodos.[4]

En ese sentido, este proyecto urbano e infraestructural es de tal importancia que su aprobación inicial dependió, en primera instancia, de la firma del acuerdo entre Reino Unido y Francia para impulsar el eurotúnel.[5] Está, por tanto, influenciado por el contexto concreto, especialmente en un plano simbólico. Se consideró que una propuesta diferencial, arriesgada y única era lo apropiado para acompañar a Lille en el proceso de convertirse en un centro neurálgico centroeuropeo desde un punto de vista económico y territorial; concretamente, la única conexión por tren y carretera entre Europa y Reino Unido.

Otra figura con un cargo relevante fue Pierre Mauroy, alcalde de Lille entre 1973 y 2001, a su vez primer ministro durante un tiempo de forma simultánea (1981 - 1984). A finales de noviembre de 1988 Mauroy anunciaba, como resultado de una deliberación, que OMA había resultado ser el estudio ganador. Jean-Paul Baïetto es también uno de los protagonistas fundamentales. Fue el presidente de la sociedad mixta público-privada que respaldó Euralille e impulsó tanto la visión del crecimiento de la ciudad como la concepción del proyecto con un enfoque corporativo.[6] Con esos dos aspectos claros, dio paso al concurso y en el trayecto se dejó asesorar por personas del ámbito de la cultura como François Chaslin, quien lo animaba a proponer a Koolhaas, ya conocido por el público francés tanto por el proyecto fallido —no para la crítica— del parque de La Villette, como por otras apariciones posteriores en concursos. De Baïetto se sabe que era un estratega. Tenía grandes ambiciones e insistió en transmitir a Koolhaas que para crear algo que mereciera la pena en el final del siglo XX era necesario manejar tres condiciones: «límites», una «demanda externa» y establecer «una dinámica del infierno».[7] Koolhaas supo coger el pulso del proyecto e ir respondiendo a las expectativas depositadas en el encargo, oscilando entre la adaptación y la enfatización de toda decisión. Además de liderar el encargo, Baïetto fue importante a la hora de establecer una metodología, sugiriendo planteamientos y dinámicas que consideraba adecuadas para este gran reto. Estas rutinas involucraban adicionalmente a expertos y usuarios que fueron igualmente partícipes a través de sesiones de consulta. Baïetto procuraba sostener simultáneamente tanto la tensión como la sensación de logro conseguido en el día a día. En ese sentido, mostró desde el principio su implicación en los procesos y una vez adjudicado quiso estar siempre muy cerca de Koolhaas y de la toma de cualquier decisión. Baïetto es el precursor original de un hábito de reuniones semanales y un ritmo realmente intenso. Una premisa constante fue que todas las partes favorecieran un clima de confianza.

Se estableció por tanto una complicidad manifiesta entre el arquitecto y los gestores y promotores de Euralille. Así, cobra especial importancia lo que Koolhaas escribe sobre ellos en varias publicaciones, tanto en *S,M,L,XL* como en revistas donde el proyecto era incluido en aquella época.[8] En las entrevistas, Koolhaas quiso mostrarse asombrado, aunque no incómodo, al dejar constancia de que los clientes no decían «no». Refiriéndose a este estado de confianza y riesgo por igual, de alguna manera dibuja el perfil de unos clientes que estarían cerca de ser unos verdaderos inconscientes. De no ser así, se da a entender, ¿cómo sería posible aprobar algunas proezas, como una estructura descomunal posada en el vacío por encima de unas vías? Ya no había vuelta atrás, una vez saldada esa supuesta deuda del parque de La Villette en París y convencidos todos los representantes de que sus conceptos disruptivos se orientarían a definir la ciudad del próximo siglo.

Esta situación de aceptación y entendimiento puede asociarse a atributos reconocidos en Koolhaas, como su condición de *listener*. Esta habilidad tiene relación con esa querencia por el periodismo y las entrevistas que, además, Koolhaas ha realizado a personas de diferentes ámbitos y sobre temas también diversos. En ocasiones han sido más bien conversaciones e incluso entrevistas inversas donde quien pregunta de pronto se ve interrogado por él mismo. A esto se suma la traslación de este hábito al entorno de trabajo y a las dinámicas con terceros. Por ejemplo, varios diagramas de la propia producción de *S,M,L,XL* esencialmente revelan diálogos con personas que no sólo son Bruce Mau, diseñador del libro. Cruces de criterios muy concretos y centrados, ya sea en relación con el libro o sobre cualquier tema, que se introducen en el volumen o que dieron el salto a otro proceso de trabajo que no era la propia monografía. Esa misma práctica de interacción es igualmente reconocible en su colaboración con Hans Ulrich Obrist o a través de Project Japan. Es así una constante práctica de intercambio y de la recolección de impresiones, información o percepciones, la que define a Koolhaas como ese *listener* que todo lo capta.

Si de un lado de los proyectos se encuentran los clientes, del otro lado están los colaboradores necesarios. En este contexto, Donald van Dansik había sido incorporado a OMA en parte por poder comunicarse en francés fluidamente —factor esencial para los planes de acceso a obras en ese país—, así como por sus recursos para establecer contactos en organismos europeos. Él mismo contribuye a plantear una nueva formación: la Fundación Groszstadt. Esta entidad precursora de AMO nace como vehículo económicamente independiente y se concibe como una herramienta para obtención de fondos.[9] Sobre la base de sus estatutos, entre otros usos, esos recursos servirían para incentivar una notable producción de exposiciones y ediciones. O, como lo ha descrito Beatriz Colomina al referirse a sus empeños por publicar, sus «costosos hábitos de presentación y reflexión».[10]

Esta coincidencia en el tiempo no es poco importante puesto que el contexto propicia una significativa secuencia de exposiciones monográficas, ya entonces autoeditadas, y por tanto de algún modo se convierte en una carta en blanco para Koolhaas. Pronto se produjeron los primeros resultados, dando sus frutos los contactos de van Dansik al conseguir un enclave totalmente estratégico, pudiendo así exponer individualmente en el IFA (Institut Français d'Architecture), espacio cultural de París creado para promocionar la arquitectura nacional. La presencia en esta sede fue un hito en sí mismo teniendo en cuenta que el foco principal para la galería había sido predominantemente la arquitectura de autores franceses. A medida que el proyecto tomaba forma, sus procesos y sus protagonistas consolidaron Euralille como un ente político en todas sus dimensiones.

Tras algunos retrasos el IFA exhibió la obra de OMA y aportó financiación para que personas del equipo viajaran de Rotterdam a París con el objetivo de encargarse personalmente de los montajes. Este grado de autonomía se debe a otra persona importante, Patrice Goulet, entonces director de la galería, quien al recordar el momento se preguntaba cómo pudieron darle tanta libertad.[11] La exposición *OMA à l'IFA* fue totalmente dirigida por Koolhaas y su equipo. Esta fórmula basada en la confianza adquirida, asociaciones simbólicas, relaciones y personas como Goulet, sencillamente se repetía de exposición en exposición del mismo periodo, con más o menos capacidad de intervención. Luis Fernández Galiano escribió una crítica de la muestra de París, en la cual destacó que de manera clara se evidenciaba la huella de OMA.[12] Se refirió a la institución como «los mecenas de Koolhaas» y su valoración fue acertada porque ese aval y aprecio intelectual lo demuestran los archivos y los testimonios de los protagonistas.

En la memoria de Goulet se quedó grabada la dedicación total y absoluta de Koolhaas, sin parecer al menos necesariamente orientada a publicitar su práctica.[13] Goulet, en los años anteriores a dirigir el IFA, había sido redactor de la revista *Architecture d'Aujourd'hui*, editorial y periodo en los que precisamente se había publicado un número monográfico sobre OMA. Él era uno de aquellos que sentían algún tipo de empatía, o sensación de oportunidad perdida, por el recuerdo imborrable de la derrota de Koolhaas en el concurso de La Villette en 1982. Las ambiciones aparentes de la nueva década ofrecían un nuevo horizonte. Estas, sumadas a una serie de intuiciones, dieron a los responsables el impulso necesario para reconocer en figuras como Koolhaas no un conjunto de trabajos construidos —que apenas tenían—, sino, a su entender, una forma de hacer singular y más contemporánea.

Además de casos como el de Goulet, actores convertidos en aliados involuntarios rendidos a esa dinámica de autoproducción, una serie de especialistas y expertos completan ese cuerpo de colaboradores necesarios para OMA que tiene un reflejo a su debida escala en Euralille y Congrexpo. Cecil Balmond era una de esas personas esenciales para Koolhaas, en su caso como experto en soluciones estructurales complejas y que forma parte, a través de Ove Arup, tanto del proyecto del edificio Congrexpo como de otros de gran escala de los mismos años. En él depositaba una confianza plena, incluso para asuntos que nada tenían que ver a priori con su especialidad. Como anécdota que lo ilustra con claridad, el propio Balmond ha explicado que la monografía *S,M,LXL* llegó a convertirse en tal obsesión que también hasta él llegaban preguntas de valoración sobre su evolución.[14] Todo el volumen está impregnado de presencias, en verdad. Sólo hay que echar un vistazo a la lista de agradecimientos de la monografía y, si existieran, similarmente a los agradecimientos de cada uno de los proyectos del estudio, pues estas aportaciones de personas que no son Koolhaas son otra constante de OMA en su momento.

Casos conocidos y notorios son Petra Blaisse así como colaboradores variados, desde maquetistas a proyectistas del estudio, más tarde fundadores de estudios importantes. Blaisse, persona de total confianza, estuvo muy presente en el diseño de la exposición de París y sus itinerancias a Lille y Barcelona y, junto a ella, perfiles más desconocidos como el fotógrafo holandés Hans Werlemann, aliado de Koolhaas en el acto de retratar toda esa imperfección de los proyectos. Capturas y filmaciones reales, a veces borrosas, sin excesivo contraste o saturación de la imagen en muchos casos, siempre en el margen de lo artístico pero con una precisión imperfecta muy característica. Era justamente lo que Koolhaas parecía querer ver en muchas de sus obras de esa época, con resultados muy evocadores en proyectos como el Kunsthal o Villa dall'Ava. Para quien recuerde la jirafa junto a la villa y a Rem camuflado entre los bañistas de la piscina: Werlemann es su ideólogo.[15] Junto a Blaisse, sin ser parte del proceso constructivo de Lille, ambos intervienen en otra construcción no menos importante, la que se dirige al imaginario colectivo de las representaciones.

Desde un punto de vista más plural, estas dinámicas interpersonales tienen relación con la elección de las personas que formaban parte de los equipos y, en consecuencia, la detección del talento. Las dos cosas pertenecen al sello propio de OMA. Koolhaas ha empleado con frecuencia la idea de grupo y resaltado cómo la diversidad de esos individuos le permite hacer múltiples combinaciones a partir de todas sus aportaciones y motivaciones.[16] En ocasiones, son perfiles singulares que permiten suponer una cierta optimización de las capacidades. En otros momentos son personas con un papel relevante en un contexto institucional determinado. Esta dinámica se percibe en Lille, como es notoria igualmente en *S,M,L,XL* y en muchos proyectos. Si además tenemos en cuenta la complicidad que se procura con los clientes de Euralille, por referirnos al caso aquí explicado, y su aceptación de la dinámica según la cual se crearon varios círculos de consulta, esas opciones serían ya innumerables.

Si se consideran todos ellos en su conjunto, ya sean aliados o colaboradores, la construcción de relaciones o la dedicación a las mismas constituye una particularidad comentada respecto a Koolhaas. Persona a persona o talento a talento. Aaron Betsky decía de él que siempre había tenido un ojo organizador y crítico y que era muy capaz de asumir un papel colector, —más acertadamente *curator*— a base de coger —*picking*— y escoger —*choosing*— y que no es en absoluto incompatible con la autoconfianza en sus propias ideas.[17] Existe un hábito de creación de vínculos, uno a uno y en su conjunto, desde los promotores hasta los colaboradores. O, dicho de otro modo, una especie de red y orquestación basada en las cesiones y aportaciones de personas que están presentes en lugares y momentos concretos.

Partiendo de esta premisa, esta multiplicidad pudo aumentar la complejidad en Euralille tanto como la cantidad de conocimiento, de información disponible para tomar cualquier tipo de decisión, desde los atributos del contexto hasta las expectativas de gestores y usuarios. Fueron seguramente los equilibrios entre los espacios de intervención que cedían tanto clientes, como promotores y gestores, y los procesos creativos y técnicos junto a otros expertos, los que dotaron de un carácter propio a la propuesta. Esta suma de realidades conduce a una visión no sólo más completa, sino también más holística de la gestión de un proyecto arquitectónico o urbanístico.

La misma lógica dual puede ser llevada a la práctica arquitectónica completa de OMA hasta un cierto momento de su historia. De ser extrapolado a otros casos, podría quizás explicarse mejor la excentricidad aparente de varios de los proyectos de OMA desde finales de los 1980, periodo que Roberto Gargiani denominó la época de las maravillas.[18] Siendo así, posiblemente, esas 'maravillas' adquieren relevancia, en primer lugar, por tener en común un marco teórico-intelectual que en ese momento ocupaba toda la atención de Koolhaas y, además, por compartir el hábito de generación de propuestas simbólicas, teóricas o intelectuales que, junto a las decisiones técnicas y materiales, daban lugar a un estilo propio. Son asimismo consecuencia del propio cambio organizacional y metodológico de OMA, que dejó ya de ser la estructura inicial y se conformó junto a colaboradores y expertos para dar un salto significativo.[19] Koolhaas asumía un papel de liderazgo a su manera y siempre rodeado de expertos, cambiando así el modelo de oficina que había perdurado desde los comienzos.

Es posible pensar, ahondando en los detalles y las motivaciones de cada uno de sus clientes, que Koolhaas pudo ver en ellos y en los encargos de la época un área de oportunidad. Más concretamente, un espacio perfecto para ensayar formas de trabajar y contrastar sus inquietudes sobre la arquitectura, la ciudad, el territorio, o la economía misma, junto a colaboradores nuevos y una estructura embarcada en una total transformación. La actitud abierta y sin grandes restricciones de varios de sus clientes pudo llegar en el momento apropiado, convirtiéndose así ellos en los verdaderos valedores de Koolhaas. Entendida la relevancia de lo que puede llamarse 'redes de confianza', la siguiente cuestión es cómo se relacionan entre sí en los propios procesos que componen los proyectos complejos.

Todo proyecto se organiza mediante procesos y relaciones múltiples

Si Euralille es un proyecto de personas, lo es también de varios procesos superpuestos que no son exactamente lineales ni consecutivos. Los procesos son secuencias de acciones encaminadas durante un tiempo a conseguir un objetivo. Se componen de etapas durante las cuales unos y otros intervienen y que, conocidas de manera individual, podrían no relacionarse fácilmente. Visto desde otra perspectiva, tomando la idea de rizoma en Deleuze y Guattari, la organización de elementos no es necesariamente jerárquica. En su lugar, se producen interacciones de modo que algunos acontecimientos tienen tal impacto que en un proceso cualquiera la más insignificante situación, al ser puesta en relación, puede resultar ser la más importante de todas.

En lo que normalmente se ha incidido respecto al encargo de Euralille ha sido en su complejidad infraestructural y, de la misma manera, esa condición se puede encontrar en las decisiones organizativas iniciales. Todo comenzó con una visión de su promotor. Baïetto, al dar con su primer esquema a nivel económico y operacional, convocó un concurso *express* con invitaciones a ocho arquitectos reconocidos, cuatro franceses y cuatro europeos, emplazados a presentar sus propuestas en menos de cuatro semanas. Pero su concepción no fue la tradicional. Los arquitectos fueron llamados a expresarse sin dibujos, ni planos, ni maquetas.[20] Alrededor de veinte personas los recibieron uno a uno y Koolhaas afrontó este encuentro con una actitud de apertura,[21] sin presentar certezas absolutas sobre las soluciones a proponer. Explicaba Koolhaas que eso no se podía hacer en tan corto plazo y sin haber profundizado en las problemáticas reales del encargo.[22] Es decir, optó por una posición más ambigua a la vez que brutalmente realista, discurso al que ya toda la disciplina está hoy completamente habituada. Habló de la importancia de la inevitabilidad y, por tanto, no sólo no eludía la existencia de múltiples dificultades, sino que asumía el reto y la necesidad de afrontarlas.

Este estilo personal de Koolhaas, acertando con lo que esperaban escuchar, lo hizo ganador de manera unánime. Apenas dos semanas después —lo que deja entrever visos de urgencia relacionada con plazos políticos—, el alcalde Pierre Mauroy explicó en la presentación esas sensaciones y una serie de argumentos. Entre numerosos motivos, señaló que, además de por la calidad de las ideas, había sido elegido por ser joven y urbanista, así como por una «cierta calidad en el contacto» que resultaba inexplicable. Por su parte, el ideólogo Jean Paul Baïetto buscaba tanto una visión de la idea de ciudad, como una personalidad.[23] En otras palabras, querían encontrar un arquitecto que pudiera demostrar una capacidad de resistencia y de gestión de la complejidad.

Cabe también pensar que lo que buscaban verdaderamente era un cómplice, el cual pudiera sostener la ambición del proyecto, al mismo nivel que sus propias expectativas de orientación tanto económica como política, así como simbólicas. En ese contexto Koolhaas podía manejarse cómodamente, formando parte de conversaciones que traspasaban las consideraciones relativas al diseño. Al fin y al cabo, él ya había escrito acerca de la globalización, entre otras inquietudes más generales, y esencialmente sobre la ciudad o el urbanismo. Esos intereses previos, y la actitud que había sido apreciada como abierta y receptiva, significaban a la larga una mayor aportación de valor sobre la base de un equilibrio entre escucha y atención, y una integración anteriormente asumida de toda la complejidad que podía suponer.

Durante el desarrollo OMA sobre todo fue capaz de comprender la posición que ocupaba en el mismo, sin que esto supusiera seguir indicaciones que respondieran sólo a los factores económicos. Este matiz era importante puesto que se esperaba de ellos que se apropiaran de las propuestas y las defendiesen porque tendrían todos los ojos puestos sobre ellos hasta los primeros resultados. Necesitaban determinación en privado y en público. Esta condición se reconoce también en varios proyectos en los que manifiestan esa capacidad de adaptarse al contexto y al momento sin perder de vista sus propios intereses. Por todo lo anterior Euralille pudo contribuir a dar forma a esta dinámica proyectual entre la aceptación y la disrupción.

Una cualidad distintiva de Koolhaas y del estudio en aquella época era el entendimiento de algunos contextos y trabajos como 'laboratorios', idea que cristalizaba más claramente en la constitución de AMO como cuerpo de investigación simétrico de OMA a finales de los años noventa. Euralille era una oportunidad única para la experimentación y desde 1992 se convirtió, junto a S,M,L,XL, en la principal ocupación de Koolhaas para sobreponerse de la crisis económica en la oficina.[24] Esta doble dedicación es coincidente con los procesos internos de cambio en OMA, que dejaba atrás la estructura de cuatro socios fundadores para transitar hacia un nuevo modelo de oficina. Se encontraban en plena revisión y lo que sugiere esa gran dedicación a Lille mientras rearmaban el cuerpo teórico en la monografía es que Euralille llegó a ser un encargo perfecto en un momento perfecto. Ambas cosas les permitieron desarrollar más en detalle, sobre el terreno o el papel, todas las ideas que en ese momento Koolhaas estaba compartiendo en escritos, charlas y exposiciones, en cuanto a la idea de ciudad y la concepción de «Bigness». Con todo ello lograron sumergirse en un ejercicio de autorreflexión muy profundo.

Con respecto a las relaciones y la gestión interna del proyecto, hubo una decisión fundamental para definir el rumbo de todo. Se instauró una dinámica de entendimiento que tomó forma en el llamado 'Círculo de Calidad' (Quality Circle), concebido para mantener las premisas más intelectuales y socioculturales del proyecto en todo momento. Koolhaas tenía que cooperar necesariamente con este comité de expertos de todos los ámbitos, especialmente con representantes de la cultura de Francia. Muchos de ellos habían sido integrantes del propio jurado del concurso y debían reunirse varias veces al año. OMA, por tanto, participó de las reuniones —en ocasiones agitadas—, celebradas en un pequeño espacio abuhardillado que habían designado para los encuentros. Para Koolhaas, ese espacio era «horrible»,[25] pero no tanto para el director del comité, quien lo calificaba de entorno perfecto para desdramatizar otras tensiones a través de la confrontación, para opinar abiertamente bajo un compromiso de privacidad y para preservar las premisas iniciales desde una perspectiva intelectual y sociocultural.[26]

A la vista de esa dinámica, desde OMA actuaron de forma proactiva, lo que sería ya una constante propositiva. De ese modo, se organizaron unos talleres preliminares de diez días en Rotterdam para dar impulso al largo proceso que venía por delante. Baïetto estaba tan entusiasmado que se tomaba la molestia de viajar a Rotterdam para asistir a los talleres —y cuando lo consideraba necesario—, mostrando con ello una motivación sostenida en el tiempo y una demostrada confianza en Koolhaas y su equipo. Además, Baïetto explicó más abiertamente a posteriori que era muy partidario de tener a todos los especialistas conectados y «manteniendo el paso» en todo momento,[27] para asegurar el buen curso de la operación y la productividad. Sostenía también que se debían tener presentes los principios fundamentales de la comunicación —«*transmiting, receiving, reacting, responding*»— y que se requería de la aportación de todos, desde inversores hasta el público y los usuarios. Tal y como él quiso remarcar: «el intercambio de información es crucial para el éxito».[28] En ese sentido, este particular liderazgo del promotor del encargo ofrecía a OMA la posibilidad de experimentar en un plano metodológico, mientras se dejaron sorprender por una dinámica desconocida para ellos.

Además del 'Círculo de Calidad' existió, entre muchos otros —universitario, de inversores o visitantes, por poner dos ejemplos—, el 'Círculo de los Usuarios' (Users' Circle), creado más adelante, en 1993, un momento en el que la obra de urbanización estaba muy avanzada. El objetivo en este caso, a través de este comité formado por autoridades locales, era aminorar el impacto de las noticias sobre los arquitectos no locales. Los miembros de este círculo se reunían para hablar sobre el espacio público y tratar asuntos diversos, como la forma en que se pondría la operación en uso o qué atracciones y actividades debería alojar el masterplan. Las declaraciones de algunos de estos representantes locales coinciden en sus impresiones y recuerdos. Entre otras funciones, se consideraban a sí mismos la red de protección del proyecto, además de ser una representación de la sociedad que lo recibiría después y le daría un uso real. La activación y puesta en uso de los espacios públicos o la seguridad de los parques eran algunos de los temas tratados más comunes.[29]

Con la perspectiva que da el tiempo, ha sido posible entender con ejemplos, como la colaboración con Prada, que tanto clientes como usuarios o espectadores son elementos protagonistas de muchas propuestas en OMA. Incluso a nivel editorial lo han desarrollado en la publicación *Domus d'Autore* de 2006. Según eso, este 'Círculo de Usuarios' pudo ser una influencia más, o un aprendizaje, en la definición de la metodología de OMA de los años siguientes.

Si nos referimos a la traducción de este tipo de dinámicas relacionales sobre la base de círculos o capas de información y consulta —tanto las internas como las propias del proyecto—, Euralille se puede comprender como una gran superposición de conversaciones y procesos. Estos aúnan tanto premisas de origen político, territorial y económico, como consideraciones propias del debate sociocultural e intelectual. Además, existió una voluntad decidida de construir un clima de confianza, imprescindible para una intervención definida a la fuerza como dialogante.

OMA y sus colaboradores se fueron adaptando a todo ello, poniendo en práctica más que simbólicamente su lema *surfing de wave* que en la trayectoria de Koolhaas ha significado la construcción de un modelo de trabajo que asume las reglas del juego sin renunciar a sus propias inquietudes y aprendizajes. Pero a pesar de esta posible actitud flexible, en medio de esta gran complejidad, surge una pregunta de difícil respuesta: ¿cómo se pudo sostener la satisfacción sobre las expectativas e intereses de todas las partes? En general, curiosamente, todo lo que ha escrito OMA sobre el proyecto tiene tintes positivos. Sin embargo, parece pertinente matizar que seguramente supuso una combinación de esa posición adaptable, con habilidades importantes para la mediación, la negociación o la persuasión y la capacidad de gestionar equipos y tiempos, así como las incertidumbres de toda naturaleza.

Lo que nos sugiere todo lo anterior es una suerte de metodología según la cual el conocimiento de los actores —personas, intereses, habilidades o preocupaciones—, es la primera condición para construir unas relaciones y procesos estables, a pesar de las incógnitas sobrevenidas, y que permitan lograr tres cosas: primero, un entendimiento —no necesariamente sencillo—; segundo, una confianza —no necesariamente incuestionable— y tercero, un espacio de creación lo más flexible y enriquecido posible. Es ese entendimiento exacto pero adaptable de la constelación de personas, situaciones y múltiples voces, el que pudo permitir avanzar en el proyecto, incluso sobrevivir al mismo, y navegar hábilmente en los espacios de la confrontación.

Comunicación y medios son soportes instrumentales para la arquitectura

El proyecto fue inseparable de su mediatización. En la exhibición del mismo frente al público se diferencian dos etapas. Una primera en la que el objetivo es suavizar el impacto de una operación arriesgada, y una segunda en la que se produce una suma diversa de medios mucho más decidida.

Aunque la exposición de París había sido realmente prevista para 1987, tuvo que posponerse durante el breve periodo en que Mitterrand perdió su mandato, llevando a Koolhaas a referirse a ella como una muestra «huérfana».[30] En ese transcurso, los promotores tuvieron cierta resistencia a presentar los avances del proyecto. Esencialmente pudo ser una combinación de prudencia, vértigo y contención ante el público a la hora de mostrar la que sería la mayor operación inmobiliaria de los últimos tiempos. Además, ¿cómo explicar una gran infraestructura territorial sin apenas avances significativos en cuanto al diseño?

Finalmente se celebró en la primavera de 1990, aunque mientras tanto en OMA no esperaron a que llegara el momento. Rompiendo con esa dinámica de precaución, sencillamente se anticiparon, tomaron la iniciativa mostrando algunas ideas preliminares en un ciclo monográfico autogestionado en otras ciudades europeas. Lo llamativo de este adelanto reside en el gesto, el de proponer su inclusión a pesar de los obstáculos. Al mismo tiempo, el retraso de la exposición en el IFA favoreció que Euralille sí pudiera ser incluido en esa muestra, algo inicialmente no previsto cuando las fechas eran anteriores al concurso y, por lo tanto, se había presentado la ocasión idónea para exhibir los avances de una iniciativa tan relevante en su contexto, así como los principios iniciales de «Bigness», en una localización importante de París.

El despliegue de OMA fue imparable en la exposición de París en cuanto a la capacidad de control en su diseño. Goulet cedió ese espacio y Koolhaas, con su equipo de especialistas de confianza —entre ellos Blaisse y Werlemann—, logró supervisar contenido y discurso en cada una de sus sedes —París, Lille y Barcelona—, con una propuesta más bien experiencial de los planteamientos. Algo parecido a una vivencia inmersiva, sólo que completamente analógica, iniciando lo que se convertiría en un hábito expositivo de la obra con múltiples muestras a partir de entonces, desde asuntos globales o de la profesión hasta casos recientes como la Bienal de Venecia de 2014.

Afortunadamente, la prensa tomó estos momentos de exhibición a partir del IFA como señales de apertura y sirvieron para rebajar ligeramente el temor a las críticas sobre la desorbitada inversión inmobiliaria. A partir de entonces fue expuesto sin mayores restricciones, sometiendo así los resultados a evaluación en público, al mismo tiempo que ocurría en privado en el 'Círculo de Calidad' y los demás grupos de seguimiento interno en Euralille. De ese modo, se comenzaron a realizar intervenciones conjuntas en ruedas de prensa o medios, por lo que se hizo frecuente ver a Koolhaas junto a Baïetto y el alcalde Mauroy en ocasiones. Una vez dado a conocer, los propios promotores fueron liberados de alguna forma, a la vez que incluidos en una rueda de manifestaciones públicas durante todos los años posteriores. Baïetto sabía bien que las relaciones públicas harían su función, como explicaba en entrevistas posteriores. Las autoridades respaldaban a Koolhaas y OMA, inversamente, legitimaba las argumentaciones de 'grandeza' de los promotores a través de sus propias ideas de esa otra grandeza, que se refiere a la arquitectura de gran escala.

La forma de exponer el proyecto merece mención en este punto. El OMA de aquella época no tuvo nunca ningún conflicto a la hora de presentar estados intermedios, enfatizando por igual tanto ideas como conceptos. Haciendo uso de esa 'carta blanca' que el IFA permitió, se optó por mostrar Euralille en una de las salas de una manera particular y con un estilo personalizado, como todas las demás, que recogieron proyectos asociados a conceptos y narrativas propias. En su caso, se consideró que la mejor manera de mostrar los avances era abrirlo al público literalmente, como deteniendo el tiempo exhibiendo su estado en el momento exacto en que se encontraba. El espacio fue empapelado completamente con documentos de todo tipo, tanto dibujos, como conversaciones y dossiers. Quisieron trasladar lo esencial y, en ese sentido, posiblemente no había mejor forma de acercar a la gente esa complejidad del encargo y su naturaleza colaborativa que con múltiples documentos llenos de anotaciones y variaciones entre distintas soluciones que, sin embargo, resultaban prácticamente incomprensibles para el público general. Esta forma de convertir parte del proceso en accesible para el público era algo inusual y puede entenderse como una manifestación de la transparencia pretendida en la filosofía interna del proyecto. Los asistentes podían consultar libremente todos esos documentos de trabajo, para asombro de Toyo Ito, como recogió su reseña de la exposición.

Una vez superada la primera etapa de comunicación se sucedieron otras de gran alcance. Esa dualidad entre proyecto y medios se acentuaba por la simultaneidad entre presentaciones a la prensa local, más coordinadas por los promotores, y las siguientes exhibiciones de OMA. *S,M,L,XL* y una importante exposición monográfica en el MoMA de Nueva York confluyen en el mismo periodo de desenlace de Euralille en su primera fase, lo que daba lugar a una sobreexposición de la operación.

La oportunidad del MoMA, como había ocurrido con el IFA, llevaba tiempo confirmada. Todos estaban esperando a que se terminase ese gran libro del que todos hablaban en otros círculos, en este caso los de la crítica y la profesión, hasta que resultó inaplazable. Sin haberse podido imprimir a tiempo, fue necesario sustituir temporalmente la llegada del volumen por una buena serie de reseñas y menciones tanto en medios especializados como en medios de masas. La monografía existió así antes de existir plenamente, o de poder ser vista. En ella, las dos grandes escalas, L y XL, fueron precisamente los dos capítulos que se terminaron en último lugar y a la vez que la recta final del diseño de la exposición y fue todo ello, por tanto, coincidente con las primeras inauguraciones en Lille: Congrexpo y Euralille. Uno de la talla L y otro de la talla XL, juntos, ocupan más de 100 páginas, cerca de un 10% del gran volumen y sin contar los textos complementarios como el propio «Bigness».

En su conjunto, un laboratorio multiplataforma perfecto para el ensayo de ideas y proyectos.

Exactamente como en París, el MoMA permitió que Koolhaas formase parte del diseño de la exposición. No se produjo un resultado tan creativo por la propia línea editorial del museo, pero sí lideraron completamente la conceptualización. Terence Riley, director del área de arquitectura del MoMA en esos años, finalmente tuvo que admitir que ya habían tomado el control, prácticamente sin darse cuenta. En conversación con él en distintos encuentros acerca de este proceso, Riley mostraba siempre la misma expresión. Parecía volver atrás en sus pensamientos, reconociendo internamente que fue en su momento una cesión del control totalmente inusual, aunque también supo que había sido una exposición con una carga intelectual igualmente única.[31] De nuevo, los retrasos de esta otra exposición permitieron llegar con un mayor avance de los proyectos en Lille. Por tanto, se dio un protagonismo especial tanto a Congrexpo como a la tan esperada llegada del ensayo «Bigness», cuyos teoremas fueron escritos a mano a gran tamaño por el propio Koolhaas en una de las paredes de la sala del museo. Riley no sólo no pudo evitarlo, sino que se dio cuenta durante el proceso de la muestra de que la propia monografía, con sus propuestas, había invadido la exposición. OMA había convertido S,M,L,XL en una herramienta de pensamiento, lejos de ser ya una posible producción promocional. Fue instrumental tanto para los proyectos como para el propio replanteamiento de OMA para los años venideros.

Al amparo de tan importante escaparate en el MoMA, la máxima expresión del impacto mediático tanto de Euralille como de Congrexpo se puede concretar en dos hitos y entornos contrapuestos. Del primero se debe destacar, entre otros, un número monográfico de la revista ANY. En esa edición críticos como Sanford Kwinter o Anthony Vidler abordan de manera principal tanto la futura llegada de la monografía como los nuevos planteamientos que darían para muchas reflexiones, y el proyecto de Congrexpo en particular. En el otro ámbito, aunque hay varios ejemplos interesantes como el programa del televisivo Charlie Rose o la entrevista en Vogue, es especialmente interesante un documental de la BBC. Es una pieza tan particular como fascinante, que abre y cierra su guión con Euralille, reconociendo así su protagonismo en ese instante. Llama la atención, sobre todo teniendo en cuenta que el narrador no tiene reparos en decir de Koolhaas que era básicamente un desconocido con nada construido hacía diez años. En cualquier caso, ambos tipos de entornos mediáticos son posibles para Koolhaas.

¿Qué impacto había tenido esta voluntad de exhibición en el proyecto de Lille? Desde las decisiones tomadas en las exposiciones de Francia, y favorecido por una notable determinación, OMA había marcado el rumbo de la mediatización del proyecto teniendo en consideración las preocupaciones de los promotores respecto a la recepción pública de la operación. Es decir, subyacía la necesidad de contar los progresos adecuadamente y con el tacto suficiente. En ese sentido, la construcción mediática pudo resultar tanto o más importante que su construcción en el terreno. En consecuencia, Euralille toma forma simultáneamente en ambos entornos, en los medios generalistas y específicos, y físicamente, de modo que al ser completado ya habría sido asimilado, previamente aceptado y consumido por su audiencia.

Este planteamiento no entra en conflicto con la dedicación de Koolhaas a la hora de dar forma a los nuevos planteamientos teóricos y proyectuales. La secuencia temporal y contenido de la correspondencia o los testimonios de los protagonistas, así como la información que existe sobre la gestión de estos eventos, permiten comprender que cumplían una función más que expositiva ya que constituyen una forma de elaborar las narrativas propias del objeto expuesto. El hábito de la autogestión es igualmente relevante por el impacto que tiene sobre la construcción de mensajes coordinados, en relación con los acontecimientos del momento, y tanto o más que la posición propositiva que también caracteriza la producción editorial o expositiva de OMA. Seguramente no debe verse en ello una premeditación permanente, sino una habilidad para la detección y aprovechamiento del momento.

Estos contextos mediáticos son igualmente oportunidades para OMA. Pero aún así, ¿qué se puede deducir de tanto esfuerzo y dedicación a describirse a sí mismos y sus proyectos? ¿No hubiera sido más cómodo dejar que editoriales e instituciones legitimadas, o comisarios conocidos, hicieran todo ese trabajo? ¿Entendieron que era más ventajoso asumir el control? La cantidad de tiempo invertido en construir los discursos también conduce a la reflexión porque evidencia sin sutilezas la distancia selectiva que siempre han procurado tener respecto a los medios generalistas o a las visiones homogéneas de los arquitectos del *star-system*, acepción que jamás ha querido Koolhaas que se vinculase con su figura.

En otros ámbitos estos patrones de actuación se aproximan a cuestiones como la gestión de marca, la creación y el comisariado de contenido o la construcción de las premisas de una identidad. A su vez, estas ideas se adentran en territorios de optimización corporativa y estrategia. Esto no es nada descabellado si tenemos en cuenta que OMA es de los primeros y escasos estudios de sus mismas características que se preocupó por sus apariciones públicas de forma proactiva y no sólo para ser seleccionados y que, además, tomó una forma concreta con el tiempo a través de su propio equipo de Relaciones Públicas. Es más, AMO tuvo en su origen la voluntad de ofrecer, por ejemplo, servicios de *branding*, por lo que estos conceptos estaban presentes de una forma u otra en su entorno.

Las habilidades de una práctica estratégica

¿Qué se desprende de este recorrido de tres niveles? De Euralille se puede deducir una suerte de convivencia de distintos ámbitos de influencia y especialidad, que se suman a la acción arquitectónica. Cuestiones políticas, económicas, mediáticas, sociológicas en todo lo referente a los usuarios, o preocupaciones culturales amparadas por el 'Círculo de Calidad'. Aunque con un peso equivalente las relativas a la comunicación o la negociación, y operaciones evidentes de publicidad y relaciones públicas en la promoción del proyecto en medios. El proyecto incluso coexiste con un ejercicio de reformulación de estructura y marca, mediante el trabajo simultáneo sobre el nuevo OMA. Son relevantes igualmente procesos totalmente protagonistas hoy en día, como la implicación de las comunidades o el peso de la gestión sobre la base de plazos y costes establecidos.

La naturaleza multidimensional del proyecto fue trasladada al epicentro del proceso de diseño, es decir, el estudio OMA, por lo que pudo facilitar el conocimiento de las dificultades del mismo desde varios puntos de vista y valorar soluciones de una manera más informada. Lo que puede parecer un estado con menos margen de error es asimismo más abrumador, aunque paradójicamente lo que se desprende de declaraciones y artículos es una mezcla entre grandes habilidades y mentes lúcidas y un optimismo ante tanta complejidad. Por tanto, sus mensajes positivos no deben impedir una crítica necesaria sobre un cierto cinismo en Koolhaas, al pretender narrar a posteriori que toda tensión había sido en síntesis estimulante y que las constantes consultas a aquellos círculos resultaron favorables y fáciles de llevar con un poco de ironía. Muy probablemente aquella «dinámica del infierno» constituyó un verdadero cúmulo de desencuentros. Aunque también, por otro lado, verdaderamente la coyuntura del momento con la crisis interna en OMA no dejaba entrever muchas alternativas de nuevos encargos —o al menos no de gran envergadura o impacto en el corto plazo—, por lo que pudo ser más bien un ejercicio situado entre el reto, la ambición y la resiliencia.

Esta conclusión es posible al haber relacionado procesos y la naturaleza multidimensional que definen el proyecto y las circunstancias de OMA en su momento. Por tanto, como forma de aproximación de alguna manera más matricial, superponer una secuencia temporal natural —el transcurso del proyecto—, a una por elementos —en la serie personas, procesos y medios—, permite adquirir una consciencia más completa y pormenorizada de la realidad en la dinámica de proyectos de cualquier escala. La importancia del talento y los colaboradores especializados en ámbitos diferentes, los clientes y el entendimiento de sus circunstancias y motivaciones, los intermediarios, los procesos de creación guiados tanto por aportaciones de los expertos como las propias de los usuarios, o el uso de los medios para propulsar proyecto y práctica, emergen así de manera interconectada. Todo en su conjunto, leído de manera plural y en relación, ofrece una visión innegablemente más completa de la realidad proyectual.

Esta forma de proceder, por encima del caso de Euralille, trata de poner de manifiesto lo que puede significar una mirada más exhaustiva e integral de la práctica arquitectónica, una que facilitaría la identificación de cuestiones a priori menos perceptibles en cuanto a la disciplina, su relevancia y su adaptación a nuevos tiempos. E igualmente, en lo particular, permitiría señalar y evaluar claves profesionales que, debido a la fascinación por el personaje principal, permanecerían en un segundo plano. Este recorrido por Euralille como proyecto complejo, y por OMA como ente cambiante, sugiere una síntesis en torno a dos ejes de reflexión: un perfil profesional basado en atributos y lo que podría significar una suerte de práctica singular, más preparada para superar los retos de la arquitectura de las próximas décadas.

En primer lugar, en cuanto a la definición del perfil profesional, son tan importantes el conjunto de conocimientos y habilidades —tanto generales como individuales— como las posibles influencias de los contextos particulares. Todo conforma la naturaleza de cada perfil profesional que tendrá elementos y atributos propios que trascienden lo técnico. La habilidad recolectora de Koolhaas, la sensibilidad de Blaisse o la vertiente artística y creativa de Werlemann son reflejo de esta cualificación específica como valor esencial para el tipo de proyectos que interesaba a OMA. Los ejemplos no son ellos ni sus posiciones relativas respecto a OMA, lo son sus atributos, y la detección de sus mejores habilidades. En ese sentido, ser empático o comprender al usuario puede adquirir una relevancia similar a ser curioso o perfectamente preciso en la definición constructiva de un proyecto. La cuestión es cómo integrar las habilidades adecuadas en el contexto apropiado y, en consecuencia, abrir la reflexión sobre qué tipo de arquitecto podrá uno ser en el futuro próximo.

En el proyecto de Lille hay distintas cuestiones reseñables, de las cuales es pertinente valorar el impacto de dos que resultan ser completamente contemporáneas: qué supondría un mayor impulso emprendedor y una especial atención a las capacidades de la mediación, así como qué otro horizonte existe en este ámbito competencial. En un segundo lugar hablaríamos del todo, lo que conforma una práctica arquitectónica, una conversación sobre qué posición quiere tomar una oficina o profesional —y la profesión en general—, respecto a los compromisos que asume la arquitectura, sus fortalezas y la naturaleza de las soluciones que quiere o es capaz de ofrecer, para con ello establecer una práctica singular y diferente. Distinta no en la forma, no en la asociación a referencias, no en el reconocimiento de terceros, sino en su esencia y sus planteamientos más estructurales. En definitiva, una revisión bifásica que por otra parte no se puede separar de la posición de la propia arquitectura, como ente global y disciplina, ni de los retos del futuro.

La definición del perfil profesional: un horizonte de adaptabilidad y habilidades

Comenzando con los aspectos propios del perfil profesional, una cuestión que se repite en el transcurso de Euralille es el ejercicio constante de proposición y proactividad. Extrapolado a lo que puede ser un rasgo profesional, podría denominarse el impulso emprendedor. Impulso, entendido como esa energía que hace falta desplegar desde el inicio de cualquier proceso arquitectónico o de la vida misma. Es el momento inicial sin el cual no se logrará la inercia que todo acontecimiento complejo necesita para llegar a su final. Si leemos entre líneas, Koolhaas emplea a menudo el término *momentum* que es justamente ese impulso inherente a la práctica de OMA según la cual en principio todo es posible.

Este impulso es emprendedor por ser propositivo y anticipatorio. La práctica de OMA está muy marcada por este carácter en muchos momentos. El crítico holandés Geert Bekaert publicaba al inicio de los años 80 el ensayo «The Odyssey of the Enlightened Entrepreneur. Rem Koolhaas».[32] Del mismo destaca en particular el momento en el que explica que el emprendedor (*entrepreneur*) es el entretenedor de la sociedad moderna, del que viene a decir, de manera simplificada, que genera las necesidades artificiales que él mismo resuelve. Es decir, que auto-genera su propia razón de existir y, desde ese punto de vista, no hay duda de que Koolhaas lleva décadas entreteniendo a toda la comunidad arquitectónica. De una visión conjunta de este impulso emprendedor no se desprende una llamada a la irreverencia o a la imposición, ni tampoco a la sobreactuación, sino una invitación a propiciar el movimiento. Si citásemos a Deleuze, sería algo así: «si nadie comienza, nadie se moverá».[33]

Por otra parte, en la reflexión sobre perfiles profesionales, lo que tienen en común prácticamente todos los procesos cruzados en Lille es la relevancia de la mediación. Así como de la negociación, si se prefiere añadir una cierta carga de interés y predeterminación. En todo caso, es común a todo proyecto y, como dinámica, trasciende la importante necesidad en la práctica arquitectónica de resolver los equilibrios imposibles entre fuerzas contrapuestas. Tiene que ver con un meticuloso, aunque ágil y sensible, diagnóstico del momento para, a partir del mismo, dirigirse hacia nuevas posibilidades teniendo en consideración a las partes, aunque sólo sea por un objetivo meramente práctico. Quizás sea esa la única forma de sobrevivir a la agitación propia de procesos complejos.

Para comprender mejor qué implica esta acepción en lo tocante con la arquitectura, es pertinente recurrir a Bruno Latour, quien se refirió al mediador como algo más que un intermediario. Aunque es un ente que conecta, Latour quiso resaltar que también es «un acontecimiento original que crea lo que traduce, así como las entidades entre las que ejerce un papel mediador».[34] En otras palabras, no es un mero transmisor sino un agente transformador. Además, la incorporación de 'no-humanos' a sus teorías es totalmente relevante y contemporáneo para la arquitectura. Esto es así porque inevitablemente las instituciones, algunos acontecimientos, los giros políticos e incluso la recepción pública de los proyectos entre múltiples situaciones pueden tener una influencia considerable. En ese sentido, perder un concurso fue para Koolhaas extrañamente favorable. La idea de *networks* que plantea Manuel Castells en 1997 también es apropiada, pues se refiere a cómo un desorden natural interno genera algún tipo de unidad, aunque pueda parecer contradictorio.[35] O igualmente lo que proponía Ignasi de Solá-Morales, poniendo de relieve que ante multitud de actores se produce una especie de montaje, «una reunión conflictiva, una trabajosa articulación de diseños, decisiones espaciales, componentes que producen una ficción completa».[36] En ambos casos el conflicto y el desorden interno son perfectamente reconocibles en Euralille. Y, en general, todas estas visiones hablan de interconexiones y sugieren necesariamente alguna forma de organización y entendimiento.

Por otro lado, Deleuze decía que la creación era siempre cuestión de mediadores y que sin ellos nada sucedía, cualquiera que fuese su forma.[37] En la misma reflexión, Deleuze explica que la creación se abre paso entre imposibilidades que, sumadas a las propias del mediador, dan lugar a las posibilidades.[38] Es decir, no una, sino todas de manera general son visibles en aquella «dinámica del infierno» en Lille, como supuesto factor activador de la singularidad de una operación con numerosos actores. En ello Koolhaas tomó precisamente una posición intermedia, ni de un lado ni del otro, en el centro de todos los diálogos, tratando de conectar realidades y de identificarse como un vértice más en la negociación. Pudo ser un signo de inteligencia mediante la adopción de una posición neutral sin posicionamientos rígidos o pudo ser lo contrario, la única posibilidad en un contexto definido por múltiples presiones. Lo que es claro es que tanto la mediación como la traducción de intereses en ideas y soluciones, pueden resultar importantes para cualquier nueva arquitectura en tiempos venideros inciertos.

Esta capacidad mediadora del intermediario está hoy totalmente presente —personificada habitualmente en *project managers* por poner un ejemplo—, como lo está la del agitador capaz de establecer ese importante impulso emprendedor —de diseñadores y arquitectos se espera siempre que resuelvan algo propositivamente—. Pero no están completamente interiorizadas como aptitudes estructurales, sino como roles. Esto puede tener importancia y, en ese sentido, tal vez deban entrenarse, como quien aprende a representar gráficamente a base de repetición y la expectativa de que será fundamental. Podría también significar una reconfiguración de algunos límites preguntándose: ¿puede el arquitecto dirigir una conversación múltiple?, ¿sus habilidades intrínsecas, esencialmente multiescalares y organizativas, pueden capacitarlo para ser gestor o mediador de todo proyecto?, o ¿podría aplicar lo mismo a proyectos no arquitectónicos?

Si la mediación y esa capacidad de impulso son esenciales, la ampliación de esta reflexión supone a su vez una oportunidad incremental. Según eso, conocer cómo una serie de habilidades podrían propiciar un cambio para comprender y resolver las demandas actuales, o un mayor campo de acción, podría conducir a la superación de las competencias tradicionales y, en consecuencia, a contestar con más acierto preguntas recurrentes como: ¿qué se esperará del arquitecto en el futuro próximo?, ¿qué se supone que tendrá que saber hacer distinto a lo que conocemos?, ¿qué competencias dejará de tener o asumirá genuinamente? o, ahora que otras tecnologías teóricamente optimizarán las horas de dibujo por ordenador, ¿en qué deberá invertir el arquitecto su tiempo y su talento?

Por tanto, prioritariamente, lo que parece más importante es identificar y definir qué habilidades deberán ser más desarrolladas con urgencia. Sin perder de vista los valores esenciales —menos asociados con la eficiencia y más con compromisos globales y el juicio crítico—, y como punto de partida, se podría imaginar la idea de un perfil profesional primeramente adaptativo y emprendedor, así como gestor y mediador, que tendrá que equilibrar estas aptitudes con sostener una posición responsable.

En algunos ámbitos ya se evidencia una apuesta por las habilidades y la gestión de las relaciones y sinergias. En particular se aprecia en las industrias culturales, en las que la mediación se ha convertido en elemento clave entre la sociedad y las propias industrias. Lo mismo ocurre en organizaciones en las que la localización del talento se basa precisamente en eso, poniendo el foco no tanto en el contenido o la formación, sino en las competencias, más concretamente en las las transversales y las blandas, así como en dinámicas y metodologías.

En ese sentido, es interesante el último artículo publicado por Forbes en relación con las habilidades del futuro.[39] Señala que la inteligencia artificial no podrá —por el momento—, reemplazar las habilidades más humanas. Las cinco más destacadas son la capacidad de gestión y liderazgo, la adaptabilidad, la capacidad para resolver mediante pensamiento crítico, el pensamiento creativo e innovador y una lógica capacidad para lidiar con la tecnología. En el anterior de 2022, publicaron otras no menos interesantes, por ejemplo la colaboración, la curiosidad o la flexibilidad. Varias de estas cuestiones eran capitales en Euralille, como lo son en cualquier otro proyecto, por lo que la posición de la arquitectura parece favorable en esos hipotéticos futuros competenciales. De ser así, ¿qué otras habilidades se harían necesarias para que la arquitectura y el urbanismo contribuyan a afrontar los próximos desafíos tanto de las ciudades como del medio rural? Las profesiones previsiblemente mutarán y por tanto lo harán también sus profesionales, hasta tal punto que el debate podrá incorporar una reflexión sobre si seguirán existiendo carreras y estudios de disciplinas tal y como los conocemos. Esta es una cuestión todavía no resuelta.

Nuevas singularidades para un futuro incierto

En el segundo plano, relativo a la construcción de una identidad para la práctica arquitectónica, la realidad es tan cambiante como lo son las profesiones. En particular la arquitectura se enfrenta a desafíos adicionales que nada tienen que ver con problemáticas anteriores. El cambio en el modelo de práctica está presente en los debates de la profesión y se está produciendo, a la vista posiblemente de la apertura de nuevos caminos —entre otros, prácticas especulativas o arquitectos que no pueden o no buscan construir— y de la entrada en sectores diferentes.

Como planteamiento, la concepción de «Design Intelligence», expresada por el crítico norteamericano Michael Speaks del año 2000 en adelante, aportaba una visión pragmática que puede ser interesante al abordar una noción de singularidad.[40] En lugar de un cambio generalizado de la profesión en términos formales, lo que proponía era un cambio de forma de pensar. En particular, sugería que cada oficina o profesional conociera y potenciara su propia esencia. Esto implicaba indirectamente replantear el enfoque, haciendo de cada práctica un ente único y, al mismo tiempo, aplicar una inteligencia adaptativa para sobrellevar el cambio. Para explicarlo categorizó varios estudios por similitudes, desde aquellos enfocados entonces en comprender las nuevas tecnologías, hasta otros con una orientación basada en asimilar el potencial de los sistemas de organización de la información. En esta última tipología ubicaba directamente a AMO, iniciativa espejo entonces recién creada. Speaks captaba la esencia de esta fracción de OMA, concebida para especular y mantener una constante acción exploratoria. Una especie de consultoría de conocimiento.

Mal entendido en ocasiones, AMO no se constituye —o no solamente— para ensanchar encargos, sino para enraizarlos en las problemáticas y potenciales reales y para explicar que la arquitectura tiene otras vertientes. Fue una decisión firme, sólo posible por la convicción de que aportaba a esa propuesta de valor que propiciaba una visión no sólo más estratégica de la práctica arquitectónica, sino más abierta a contribuir en otros debates. Tanto es así, que expande su alcance y deshace las convenciones en cuanto al arquitecto que sólo persigue construir y, en consecuencia, indaga sobre nuevas posibilidades para la profesión. Aquel movimiento con dos visiones, una de negocio y otra de reflexión más equidistante, significó un resquicio para otras exploraciones, sin desprenderse del cuerpo principal arquitectónico. Esta sutil separación abre opciones de reconexión con la sociedad puesto que se alinea más con lo que muchos profesionales sin equipos hacen diariamente a través de prácticas pedagógicas, de investigación o divulgativas por ejemplo.

Aún así, esa visión de Speaks fue entendida como un tanto radical al contraponerse a la crítica de la arquitectura y es realmente bastante inflexible ante prácticas menos interesadas en definir límites o guiarse por principios más corporativos. Además, cualquier acepción relativa a términos empresariales siempre ha sido recibida con reparos, cuando en verdad cada oficina se constituye necesariamente en torno a ellos. Seguramente también se asociase en exceso a una forma extrema de entender la profesión, no dejando a simple vista espacio suficiente para la crítica u otras posturas. A pesar de todo, apartando las derivaciones de la confrontación que esto supuso, sí que es posible hacer una lectura selectiva hacia el presente, puesto que identificar elementos distintivos no impide un ejercicio reflexivo. Entendido de este modo, e incorporando mecanismos para asegurar posiciones más críticas y centradas en las problemáticas globales, lo que sugiere es totalmente contemporáneo. Propone una búsqueda proactiva de las condiciones particulares y disruptivas que permitirían constituir una práctica y una posición más adaptativa a todo contexto cambiante.

Pueden encontrarse inspiraciones en metodologías traídas de otros lugares, como lo que en diseño se conoce como *user-centered design*. Es un matiz, algo sutil pero que puede resultar importante entendido como un ligero desplazamiento del centro de gravedad, desde la propuesta al usuario. Y en ese sentido sería interesante especular qué ocurriría si algunos estudios se dedicaran exclusivamente a escuchar, a interpretar o a aconsejar. O cualquier otra ocupación que no necesariamente suponga construir, porque conservan lo que es propio a la disciplina y, sencillamente, alteran la expresión de la materialización final. Los profesionales lo hacen pero no se constituyen como colectividades para estas alternativas. Y puede que sea por una buena razón. Pero tal vez podrían convivir, como nuevas singularidades, en un espacio de intercambio de habilidades y talentos en colectividad.

Esto es ampliable a otras opciones, en tanto que la arquitectura también es capaz de combinar tanto la capacidad de organizar y estructurar como de sorprender y emocionar, aunque en ocasiones estas otras realidades son consideradas ajenas, o periféricas, cuando podrían quizás ser igualmente posibles y protagonistas en la evolución de la disciplina. Por tanto, el rango es amplio y las alternativas y particularidades resultantes no deberían conducir a visiones limitadas, faltas de juicio crítico o de procesos de abstracción, igualmente necesarios. Esas opciones pueden manifestarse como cuerpos, adaptaciones y visiones poliédricas, que se incorporan o se separan, y generan ese matiz especial que caracteriza a una práctica.

El espectro imaginable es suficientemente extenso, desde lo más técnico y creativo, hasta los espacios emergentes a la vez que estructurales del liderazgo, el emprendimiento o la gestión del tiempo, pasando por todos aquellos territorios aún más intangibles de la pedagogía, la comunicación, la consultoría o el comisariado. Podrían llegar a reconocerse equitativamente estudios que construyen y escriben, que enseñan y asesoran o que gestionan e investigan. O sería asimismo imaginable que ya no existiera el estudio que hace proyectos y 'algo más' y que, en su lugar, existieran profesionales que hicieran cualquier 'algo', dentro de un marco de la disciplina con nuevos límites. De igual modo que podría alterarse la lógica natural y pensar que los estudios sólo toman una forma evanescente cuando la naturaleza de los encargos determina su composición, entendiendo que la idea de equipo se antepone a la de estudio.

No es posible definir exactamente una forma organizativa precisa y única de los talentos que conforman singularidades profesionales, pero sí es previsible que, como parte de una evolución generalizada, también se produzcan modificaciones estructurales e intrínsecas en cada modelo de práctica arquitectónica. Entendido así, el cambio interno de OMA en los años 90 habría sido simplemente natural. Pero replicar no resultará suficiente y, por tanto, la pregunta en un sentido más amplio será qué otras formas necesitará asumir la profesión.

Lo que es notorio es que la arquitectura ya no sólo se reconoce a través de estudios o de arquitectos destacados generadores de obras 'de autor'. Se ha establecido un lugar emergente para profesionales que de manera incluso independiente acceden a nuevos entornos. Esta posibilidad puede parecer menor en un ámbito en el cual, a pesar de la existencia de grandes estructuras, parece que ha sido siempre más generalizada la aspiración de crear una oficina. Pero es especialmente importante, porque permite que la disciplina explore nuevas opciones e indirectamente recupere un lugar mejor valorado socialmente al estar involucrado de una manera diferente. Desde esa perspectiva, podría formar parte de debates y procesos transformadores y productivos más profundos y sin la existencia imprescindible de estructuras empresariales independientes o la creación de oficinas que no saben exactamente cuáles serán sus clientes en los próximos seis meses. En esta especie de infiltración, cabe pensar qué implicaciones directas tendría: ¿podría ser una práctica más ágil? O incluso, cómo se denominaría: ¿una práctica consultiva?, ¿una práctica integrada? Y, en todo caso, ¿podrían coexistir y ser complementarias?

Estas inmersiones en otros ámbitos y la apuesta por destrezas y metodologías que, insertadas en contextos ajenos, resultan disruptivas es ya muy común en las disciplinas del diseño. Con décadas de tradición es perfectamente normal que los diseñadores —de forma independiente o a través de equipos o estudios completos— trabajen para empresas con fines alejados de los tradicionales. Todos los sectores buscan soluciones creativas y, en respuesta a esta necesidad, los diseñadores ofrecen sus procedimientos y sus visiones para crear un impacto positivo extensivo a la sociedad y a las empresas. Por esa razón, pueden formar parte de una empresa farmacéutica, pero sin dedicarse a proponer aspectos estéticos de los envases; o de una aerolínea, pero sin ser quienes diseñan asientos o aplicaciones gráficas. Respectivamente, podrían determinar que ni siquiera hacen falta envases, sino dispensadores en farmacias, o que aquello que requiere atención prioritaria en cuanto al diseño es el plan de rotación de la tripulación en los turnos semanales. Por tanto, pueden, como opción, formar parte de equipos, o colaborar si permanecen externos, porque emplean su forma de hacer y de interpretar la realidad para mejorar un determinado ecosistema, en lo que se conoce como *design management*.

Puestos a especular, quizás los estudios de arquitectura del futuro se asomen a esta posibilidad. Si así fuera, o bien comenzarían a desplegar agentes descentralizados, más involucrados en los equipos y epicentros de sus propios proyectos como si la arquitectura operase desde el interior o bien serían los propios profesionales quienes navegarían de forma independiente entre organizaciones de una manera más rotativa y flexible, liderando asuntos del futuro inmediato.

No es sencillo predecir el trayecto que guiará el cambio o si estas formas de reorganización serán esenciales, pero sí parece importante que todas las alternativas incorporen lo urgente. Es decir, lo que se refiere a las grandes preocupaciones sociales, económicas y medioambientales —que trascienden a la arquitectura llamada verde o sostenible o la arquitectura eficiente—, así como un permanente cuestionamiento crítico de las decisiones. Esas son precisamente las premisas que define Bruce Mau en *Massive Change*, que ofrece un argumento interesante por su propuesta de cambio para el cambio. Si el papel y las funciones del diseñador sufrirán variaciones, Mau lo que ofrece es una reflexión para orientar el posible recorrido de esa mutación. Mediante este concepto dirigido a generar un impacto cierto y positivo, pretende provocar una forma contemporánea de enfocar la práctica de los creadores hacia una más responsable. En otras palabras, la idea que subyace es una práctica del mañana que, aun liderando los debates globales, sea más humanista y más cercana a todas las realidades, con independencia de su orientación, organización y escala.

En un futuro tecnológico lleno de incógnitas y en convivencia con la búsqueda de identidades singulares, cada práctica individual se enfrentará a una dualidad. Deberá plantearse cómo equilibrar sus atributos esenciales para acometer todas las escalas y trabajar con cada agente en los proyectos, con un cuestionamiento más continuo del impacto de las soluciones. En ese sentido, en un escenario hipotético, la idea de estudio como entidad podría transformarse en otras estructuras, por lo que, siendo conscientes de que el ejercicio del arquitecto del mañana no será el que conocemos hoy —o al menos no será la única opción—, y que tampoco lo será la propia práctica y por ende potencialmente su alcance, un horizonte de habilidades y posicionamientos singulares pero comprometidos, puede adquirir mayor relevancia.

Aunque esto pueda suponer agitar las estructuras tradicionales, si es que existen cambios inminentes parece necesaria una reflexión sobre la gestión de lo inevitable, tanto de prácticas colectivas como individuales, y valorar si existirá predeterminación y participación en el mismo o mutaciones progresivas más orgánicas. Cabe pensar que lo lógico es anticiparse, pues lo único que sí se puede asegurar es que, incluso con muy poco de aquel impulso emprendedor, no hay ninguna razón por la cual la arquitectura, con todo su despliegue de conocimiento, sensibilidad y competencias, así como el propósito de construir espacios u otras propuestas para un mundo mejor, no pueda adaptarse a una nueva realidad que requiere más flexibilidad y nuevas formas de ser y estar para ser así verdaderamente comprendida como una práctica estratégica.

Verónica Meléndez Valoria.
Profesora titular y directora
de Relaciones Internacionales.
Universidad de Diseño, Innovación
y Tecnología (UDIT)

Notas

1. Koolhaas, *OMA: Recent Work.* Conferencia, 1991.

2. Meléndez, *Gestión intelectual de las prácticas comunicativas en arquitectura: S,M,L,XL, el gran evento.*

3. Koolhaas, Zaera, «Una conversación con Rem Koolhaas»: 8.

4. Vermondel, «Euralille: project for a city» en Espacé Croise, Menu, *Euralille: The Making of a New City Center,* 12-39.

5. Pierre Mauroy, «Oser Euralille», 6-15.

6. Menu y Vermondel «Interview with Jean-Paul Baïetto» en Espacé Croise, *op. cit.,* 40-45.

7. Koolhaas, «Quantum Leap», 1156-1209.

8. Menu y Vermondel «Interview with Rem Koolhaas» en Espacé Croise, *op. cit.,* 51-66. Sirva de ejemplo, entre otros medios.

9. Van Dansik y Meléndez, en conversación.

10. Koolhaas, Colomina, «La arquitectura de las publicaciones», 348-385.

11. Goulet y Meléndez, en conversación.

12. Fernández Galiano, «Los mecenas de Koolhaas».

13. Goulet y Meléndez, en conversación.

14. Balmond, Interview, 133. «When he'd come to see me, he'd open it before he even said hello […]. He is obsessed! He's taking the book everywhere!».

15. Werlemann y Meléndez, en conversación. Acerca de las imágenes y piezas audiovisuales filmadas en Villa dall'Ava.

16. Walker, Oppici, Koolhaas, «Rem Koolhaas», 138-150.

17. Betsky, «The Koolhaas Node».

18. Gargiani, *The construction of merveilles.*

19. Zaera, *op. cit.*

20. Menu, Vermondel, entrevista a Rem Koolhaas, en Espacé Croise, *op. cit.,* 51-66.

21. En explicaciones del alcalde Pierre Mauroy hacia la prensa, en la presentación pública de Koolhaas como ganador. Acceso al discurso en archivos de OMA en The New Institute, Rotterdam, consultados en mayo de 2013.

22. Menu, Vermondel, entrevista a Rem Koolhaas, en Espacé Croise, *op. cit.,* 51-66.

23. Werre, «Euralille, une opération d'urbanism», 73-76.

24. Zaera, *op. cit.*

25. Menu, Vermondel, entrevista a Rem Koolhaas, en Espacé Croise, *op. cit.,* 51-66.

26. Menu, Vermondel, entrevista a François Barré, en Espacé Croise, *op. cit.,* 46-50.

27. Menu, Vermondel, entrevista a Jean-Paul Baïetto, en Espacé Croise, *op. cit.,* 40-45.

28. Baïetto, *ibidem.*

29. Fremont, «The User's Circle», en Espacé Croise, *op. cit.,* 170-173.

30. Koolhaas, carta dirigida al IFA.

31. Riley y Meléndez, en conversación.

32. Bekaert, «The Odyssey of the Enlightened Entrepreneur. Rem Koolhaas».

33. Deleuze, «Mediators», 285. En el texto original: «si personne ne commence, personne ne bouge».

34. Latour, *We Have Never Been Modern*: 78.

35. Castells, *The Information Age: Economy, Society and Culture.*

36. Solá-Morales. *Diferencias*, 177-178.

37. Deleuze, *op. cit.*, 285.

38. Deleuze, *op. cit.*, 292.

39. Stahl, «The Top 5 Skills You Need For The Future Of Work».

40. Speaks, «Design Intelligence and the New Economy», 72-75.

Referencias

Balmond, Cecil. «Interview with Cecil Balmond», en *CLOG*, n. 11 (2014): 132-137.

Bekaert, Geert. «The Odyssey of the Enlightened Entrepreneur», en *Rooted in the Real: Writings on Architecture by Geert Bekaert*, ed. Bekaert: 278-297. Ghent: WZW Editions & Productions 2011. (Texto original escrito en 1982.)

Betsky, Aaron. «The Koolhaas Node», *CLOG. Issue: Rem*. Nueva York: Cloe. 2014.

Castells, Manuel. *The Information Age: Economy, Society and Culture. Volume II. The Power of Identity*. Wiley-Blackwell, 2010. Edición original, 1997.

Deleuze, Gilles. «Mediators», en *Zone 6: Incorporations*, eds. Jonathan Crary and Sanford Kwinter, 281-293. Urzone, 1992. Originalmente publicado como «Les Intercesseurs», entrevista con Antoine Dulaure y Claire. Parnet, en *L'Autre Journal, n. 8*. 1985.

Espacé Croise e Isabelle Menu, ed. *Euralille: The Making of a New City Center, Koolhaas, Nouvel, Portzamparc, Vasconi y Duthilleul: Architects*, Basilea: Birkhäuser, 1996.

Fernández Galiano, Luis. «Los mecenas de Koolhaas», *Arquitectura Viva, n. 12*. 1990.

Gargiani, Roberto. *Rem Koolhaas / OMA: The Construction of Merveilles*. EPFL Press, Routledge. 2008.

Goulet, Patrice, y Verónica Meléndez en conversación por correo electrónico. Agosto-Octubre, 2013.

Koolhaas, Rem. *Carta*. Enviada al IFA en 1987. Consultada en archivos de OMA, 2013.

Koolhaas, Rem. «OMA: Recent Works», conferencia inaugural exposición *OMA - Rem Koolhaas* celebrada en el COAC, Barcelona, el 5 de febrero de 1991. http://fundacion.arquia.es/es/mediateca/filmoteca/Conferencias/Detalle/20.

Koolhaas, Rem, y Beatriz Colomina. «La arquitectura de las publicaciones. Conversación entre Beatriz Colomina y Rem Koolhaas», en *OMA Rem Koolhaas 1996-2007, El Croquis*, n. 134-135 (2007): 348-385.

Koolhaas, Rem, y Alejandro Zaera. «Una conversación con Rem Koolhaas», en *OMA / Rem Koolhaas. 1992-1996, El Croquis*, n. 79 (1996): 8-25.

Koolhaas, Rem. «Quantum Leap», en *S,M,L,XL*, eds. Koolhaas R, Mau, Werlemann, 1156-1209. Nueva York: Monacelli Press, 1996.

Mauroy, Pierre. «Oser Euralille.» En *Euralille: Chroniques d'une Métropole en mutation (1988-2008)*, recopilación de escritos de varios autores sobre el proyecto: 6-15. París: Dominique Carré, 2008.

Meléndez, Verónica. *Gestión intelectual de las prácticas comunicativas en arquitectura: S,M,L,XL, el gran evento*. Tesis doctoral, 2016.

Latour, Bruno. *We Have Never Been Modern*. Harvard University Press, 1993. Originalmente publicado en 1991. Traducción de Catherine Porter.

Riley, Terence, y Verónica Meléndez en conversación. Nueva York, 2012-2014.

Solá-Morales Rubió, Ignasi de. *Diferencias. Topografía de la arquitectura contemporánea*. Barcelona: Gustavo Gili, 1995.

Speaks, Michael. «Design Intelligence and the New Economy», en *Architectural Record*, vol.190, n. 1, 72-75. 2022.

Stahl, Ashley. «The Top 5 Skills You Need For The Future Of Work,» Forbes, 11 mayo de 2023. https://www.forbes.com/sites/ashleystahl/2023/05/11/the-top-5-skills-you-need-for-the-future-of-work/?sh=454031a35a70.

Van Dansik, Donald, y Verónica Meléndez en conversación. La Haya, 2013.

Walker, Enrique, Fabio Oppici y Rem Koolhaas. «Rem Koolhaas», en *12 entrevistas con arquitectos*, eds. Walker E. y Oppici F.: 138-150. Chile: Ediciones ARQ, 1998.

Werlemann, Hans, y Verónica Meléndez en conversación. Madrid - Rotterdam, Junio 2014.

Werre, Florence. «Euralille, une opération d'urbanism», en *Le Temps d'Ouvre: Approches chronologiques de l'édification des bâtiments*, ed. Gérard Monnier: 73-76, Paris: Publications de la Sorbone, 2000.

Agradecimientos

Este escrito es fruto de todo lo aprendido sobre los procesos transformadores de OMA y los replanteamientos propios de Koolhaas de la década de los 1990, así como el descubrimiento del valor y el proceso completo de producción de *S,M,L,XL*, por lo que expreso mi agradecimiento a todos esos actores protagonistas, algunos completos desconocidos encontrados entre las sombras de la discreción, que generosamente han compartido vivencias, archivos o pequeños rastros esenciales y, en especial, a Federico Soriano por su confianza y a la Fundación La Caixa por el apoyo recibido.

Colección Ensayos Críticos

Directora de la colección
Silvia Colmenares

Edita
DPA ETSAM en colaboración con
Ediciones Asimétricas

Ensayos Críticos 05
Descifrando Euralille:
una práctica estratégica

© de los textos
Verónica Meléndez Valoria

© de las imágenes
sus autores

© de la edición
© DPA ETSAM, 2024
www.dpa-etsam.com
© Ediciones Asimétricas, 2024
www.edicionesasimetricas.com

Diseño
gráfica futura

Impresión
Estilo Estugraf Impresores

ISBN
978-84-10065-34-5

Depósito legal
M-15014-2024

Impreso en España / Printed in Spain

Este libro se ha impreso sobre papel
procedente de fuentes responsables,
certificado por el *Forest Stewardship Council®*.

FSC
www.fsc.org
MIXTO
Papel | Apoyando
la silvicultura
responsable
FSC® C107210